My Jamaican Swear Word 'Adult' Coloring Book

CHO BUMBOCLAAT

Color your way to a Bumboclaat stress free day!

ISBN -978-1-954553-20-0

This book belongs to:

Color Test Page

Color Test Page

Bumbo
Pussy
Raasclaat

Bloodseed

Blousenawt

Bloodcleet

Wah
Di
Rass

Cho
Bumborassclaat

Blurtneet

Suck
Yuh
Madda

Blow
Wow

Bumbo

Batty
Hole

Rassclaat

Bumboole

Raas

Rhaatid

Pussyclaat

Bumboclaat

Bloodclaat

Kiss mi
whats
it not

Blurtneet

Rasshole

Kiss
Mi
Rass

Nannyrass

Dutty
Johncrow

Shithouse

Mi
Bumbo

U Tuff
No
Rass

U
Fucka
U

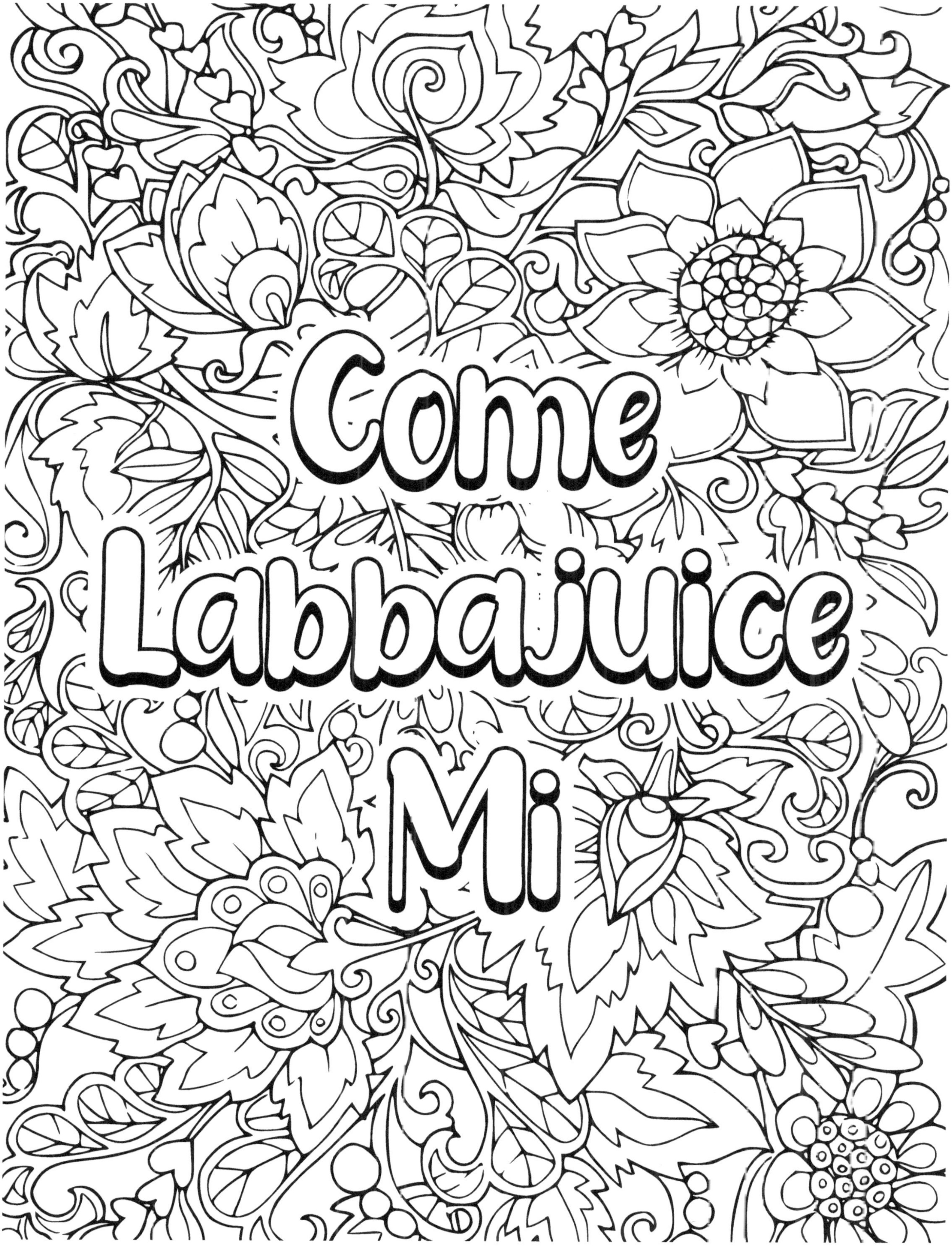
Come
Labbajuice
Mi

Too
Rass
Fass

Dawgshit

Fuck
You

Fuck
Off

Go
Suck
Yuhself

Dont
Fuck
Yuhself

Shitclaat

You
ugly
no
raas

U
frownzy
no
bumboclaat

Bruk
U
Neck Inna
Mi
Battyole!

Suck out
mi
pussyole

You
stink
no
bloodclaat

U bright
no
raasclaat

Dutty
Stinking
gyal

Cakafawt

Cakaclaat

Blouse
N
Shirt

Bumbawt

Blurnawt

Pussjuke

U
Bitch

CHO
BUMBOCLAAT